苔玉と苔を愉しむ

～育て方から飾り方、アレンジのポイントまで～

苔玉・盆栽ショップ　Green Scape 監修

メイツ出版

はじめに
優しい風合いを持つ苔玉の魅力に触れてみよう

　苔玉は、土にくるまれた植物の根の部分を苔で覆い、成形したアレンジです。苔の持つ優しい風合いを鑑賞でき、インテリアとしても人気となっています。

　苔は世界中に生息し、2万種類もあるといわれています。たくさんの小さい葉が集まり、地面に沿うように成長。その懸命な姿からは、強い生命力が感じられます。

　苔は森林など自然の中だけでなく、街中でも見かけるほど、身近な存在です。伝統的な庭園や盆栽でもよく使われ、日本の風景にとても馴染みがあります。

　苔玉は、基本的な手順を踏まえれば自分で作ることができます。好きな植物を自分の好きな大きさや形に作り上げれば、オリジナル作品の完成。インテリアとして飾ると、生活空間に明るさが生まれます。

　和やかな印象の苔玉を部屋に置いて毎日その魅力に触れると、日々の暮らしが楽しくなるでしょう。

CONTENTS

はじめに ……………………………………………… 2

PART1 苔玉を飾った生活空間 ……… 8

コツ1 インテリアとしての苔玉
暮らしのなかに苔玉をとり入れる …………………… 10

PART2 苔玉のことを知る ……………… 22

コツ2 苔玉とはなにか
盆栽から派生した苔玉のルーツを知る ……………… 24

コツ3 観葉植物と園芸植物
植物の特徴を知り種類を選択する …………………… 26

コツ4 苔について
苔の種類と特徴を知る ………………………………… 28

コツ5 苔玉作りの手順
材料や手順を確認し自分好みの苔玉を作る ………… 30

※本書は2015年発行の『アレンジをたのしむ 苔玉と苔の本 〜育て方から作り方、飾り方まで〜』を元に加筆・修正を行っています。

PART3　上手に育てる方法 …………… 38

- コツ6　**苔玉の管理方法**
  光と水分、風通しに気を付ける ………… 40
- コツ7　**良い状態と悪い状態**
  色やツヤ、成長具合から苔玉の様子を見極める ………… 42
- コツ8　**苔の貼り替え**
  新しい苔に貼り替えて苔玉を蘇らせる ………… 44
- コツ9　**苔玉の剪定**
  不要な部分をカットして見栄え良く成長を促す ………… 46
- コツ10　**苔玉のメンテナンス**
  肥料を与えて苔玉を長持ちさせる ………… 48

PART4　観葉植物の苔玉 …………… 50

- コツ11　**モンステラ**
  涼しげなアレンジでグリーンを楽しむ ………… 52
- コツ12　**ペペロミア**
  小ぶりでカワイイ葉を生かす ………… 54
- コツ13　**アスパラガス**
  繊細な葉の広がりを楽しむ ………… 56
- コツ14　**テーブルヤシ、アイビー、プテリス、ポリシャス**
  種類の違う苔玉を並べる ………… 58
- コツ15　**ヒポエステス**
  カラフルな色味の違いを楽しむ ………… 60
- コツ16　**ドラセナ・コンシンネ**
  南国の樹木のように茎に変化をつける ………… 62
- コツ17　**エバーフレッシュ**
  涼やかな葉に合う透明なプレートを選ぶ ………… 64
- コツ18　**ガジュマル**
  つるの垂れ下がりを楽しむ ………… 66
- コツ19　**イランイラン**
  グングン伸ばして存在感あるインテリアに ………… 68
- コツ20　**コンシンネパメラ**
  長く伸びる幹としなやかな葉で構成 ………… 70

PART5 園芸植物の苔玉 ……… 72

- コツ21 **もみじ**
  品種の違うもみじで季節の変化を楽しむ ……… 74
- コツ22 **大実ゴールテリア**
  力強い緑と鮮やかな赤い実を上手に合わせる ……… 76
- コツ23 **ハゼの木**
  小さい作品を複数作って飾る ……… 78
- コツ24 **イワシャジン**
  花のボリュームで引き立たせる ……… 80
- コツ25 **金虎の尾**
  黄色い花に合わせた器をコーディネート ……… 82
- コツ26 **アメリカヅタ**
  のびのびとしたつるの広がりを楽しむ ……… 84
- コツ27 **紫式部**
  光沢のある紫の実は上品なインテリア ……… 86
- コツ28 **錦木**
  美しく儚い紅葉を堪能する ……… 88
- コツ29 **もみじ青枝垂れ**
  青枝垂れの流れるラインで部屋を飾る ……… 90
- コツ30 **八重山のいばら**
  良く成長する枝ぶりで印象的な空間にする ……… 92

PART6 寄せ植えの苔玉 ……… 94

- コツ31 **寄せ植えの手順**
  配置のバランスを考えて植物を合わせる ……… 96
- コツ32 **風知草、クラマシダ**
  高低差をいかしたアレンジを楽しむ ……… 100
- コツ33 **ポトス、ワイヤープランツ**
  色味の違いを合わせて楽しむ ……… 102
- コツ34 **アスパラガス、プテリス**
  葉の質感の違いを一つにまとめる ……… 104

PART7 苔玉が引き立つ器を選ぶ 106

- コツ35 **基本**
  様々な材質と色合いから個性を生かす器を選ぶ 108
- コツ36 **色**
  苔玉と器の色のバランスを考える 109
- コツ37 **形**
  形が工夫された器で遊び心ある苔玉にする 110
- コツ38 **陶器の素材**
  デザイン性のある陶板プレートで演出する 111
- コツ39 **ガラスの素材**
  ガラスの素材で透明感を演出 112
- コツ40 **特殊な素材**
  特殊な材質の器で個性ある苔玉にする 113

PART8 季節に合わせたアレンジ 114

- コツ41 **ボケ　春のアレンジ**
  鮮やかな花が咲き春の訪れを知らせる 116
- コツ42 **エバーフレッシュ　夏のアレンジ**
  羽状の小さな葉で涼しげな空間を作る 118
- コツ43 **ススキ　秋のアレンジ**
  白く柔らかい穂が秋の風情を漂わせる 120
- コツ44 **五葉松　冬のアレンジ**
  縁起の良い松で新年を祝う 122
- コツ45 **苔玉についてのQ&A** 124

part 1 苔玉を飾った生活空間

苔玉を飾った生活空間

　苔玉は、植物が植えられている土部分を苔で覆い、丸い形に成形したものです。丸みのある優しい土台が植物の表情を際立たせ、インテリアとしても置いた場所を引き立てる効果があります。PART1では、どんな場所にどんな苔玉を置くと、印象がどのように変化するかを紹介します。自分の苔玉は、どんなアレンジにするか、家のどこに置くかを考える際のヒントにしてみましょう。

インテリアとしての苔玉

暮らしのなかに苔玉をとり入れる

丸い形が優しい印象の苔玉は、お家のインテリアとして置くことで、和みのある空間になります。様々なスペースを演出するアイテムとして、大きさや植物の特性に適した苔玉を飾りましょう。

エントランス

「いってらっしゃい！」「おかえりなさい！」—。エントランスの苔玉は、毎日優しく声をかけてくれるかのようです。季節感ある植物を飾れば、外出の度に四季の移り変わりがわかります。家の扉の重厚感に合う大きい苔玉や、たくさんの苔玉を並べても可愛らしいです。

コツ 1

part 1

廊下

廊下のスペースに苔玉を置くだけで、日常生活の動線にアクセントが生まれます。植物の成長とともに、空間がグリーンで彩られるのも楽しいものです。

インテリアとしての苔玉

階段

　階段に飾る苔玉は、這うように下へ伸びる植物を壁の高い所に配置して空間を演出。高さのある階段スペースは、殺風景な場所になりがちです。苔玉をワンポイントとしてアレンジすれば、日常の上り下りが快適になるでしょう。

玄関ホール

　玄関ホールは、プライベートとパブリックの切り替え地点です。飾りつけた苔玉たちが、オンとオフのスイッチに。種類の違う苔玉を並べてそれぞれの成長を見守ることで、余裕をもって気持ちのシフトチェンジができるかも。

インテリアとしての苔玉

キッチン

キッチンの調理台やカウンターなど小スペースには、小さなサイズの苔玉を。器は安定感のある苔玉とジャストなものにして、お料理タイムの邪魔にならないコンパクトな飾りにするのがポイント。葉や枝は広がりの少ないものにするか、剪定をして調整しましょう。

part 1

ダイニング

ダイニングテーブルの上に置く苔玉は、器を陶器や磁器などの焼き物にして食事のお皿とテイストを合わせると、統一感あるテーブルコーディネートができます。種類の違う植物を並べれば、食卓を賑やかにするアイテムになるでしょう。

インテリアとしての苔玉

リビング

　くつろぎの空間には、花や実の色みがあり、葉や枝の形などが個性的な鑑賞が楽しめる苔玉を選んでみましょう。サイドテーブルに置いて、部屋の主役に見立てても面白いです。植物があるだけで気持ちが和やかになり、リラックスタイムが持てます。

part 1

ベッドルーム

　プライベートルームに苔玉を置いて、落ち着いた空間を演出。自然の造形美を味わうひとときを過ごしましょう。安心感や穏やかさを表すグリーンカラーは、目覚めや安眠を優しく促します。

インテリアとしての苔玉

パウダールーム

　洗面台の小スペースを有効に使うため小さい苔玉にし、カラフルな器で苔玉の足元を引き立たせましょう。メイクなどパウダールームを使用している時に、ふと視界にグリーンが入ると気持ちにゆとりが生まれます。

part 1

バスルーム

　バスルームに置く苔玉は、湿度に強いものにし、滑りにくい器に入れます。毎日の疲れを癒す場所の演出として、季節によって飾る苔玉を変えるのも良いでしょう。趣の異なる苔玉を一か所に並べると、明るさがアップします。

インテリアとしての苔玉

ベランダ

　明るい光と気持ちの良い風が直接あたるベランダは、苔玉にとってイキイキと育ちやすい環境です。夏の強い直射日光や、観葉植物は冬の寒さに注意しましょう。ベランダであれば、複数の苔玉を器に入れず直接置いて飾ることもできます。

part 1

窓辺

　窓辺にグリーンのアクセントがあると、部屋の爽やかさがアップします。明るい光が入り、窓の開閉により風にも触れ、苔玉にとって良い環境です。お気に入りの器に置いて、苔玉の魅力にプラスアルファを加えてみましょう。

part 2

苔玉のことを知る

オリジナルの苔玉を自分で作る

　苔玉は、苔が主役のアレンジです。普段控えめな存在ですが、苔をクローズアップしてみると、その存在はとても興味深いことがわかります。種類は数多くあるので、環境に適したものを選ぶと、うまく育てることができます。作り方は一度覚えれば、いろいろな種類の苔玉作りに応用できます。最初は扱いやすい小さいサイズからはじめて、慣れてきたら大きなサイズのものにもチャレンジしてみましょう。

コツ 2 苔玉とはなにか

盆栽から派生した苔玉のルーツを知る

自然美を愛でる盆栽の考えは苔玉にも引き継がれている

　苔玉は植物の根を土でくるんだ後に苔で覆い、球状などに形づくったものを鑑賞して楽しむものです。そのルーツは盆栽の「根洗い」から発展したといわれています。「根洗い」は鉢から植物を取り出し、成長した根そのものを観て楽しむものです。その後、根の部分を樹木移植時に藁などで包む、「根巻き」のようにくるみ、苔を施した苔玉へと発展していきました。盆栽は植物を鉢の中で栽培しながら、剪定や針金掛け（P25）などをし、自然の造形美を創りあげるものです。樹木や山野草の枝ぶりや葉の姿、幹の趣などに手を加え自然の持つ味わいを鑑賞します。苔玉は盆栽のコンセプトを汲みますが、複雑な手入れを必要としないので、気軽にスタートできます。

自然美を愛でる盆栽から
苔玉づくりのヒントを得る

　盆栽は樹木や草木を鉢の中で育て、手を加えながら枝ぶりや葉の色合いなど自然の持つ姿形の美しさを愛でていきます。紅葉や開花、実がなる過程など、季節の移り変わりも感じることができます。盆栽の育て方は、苔玉づくりの参考になります。

上の写真は、樹形や整枝を行うために盆栽でよく用いられる針金掛け。

苔玉のはじまりは
盆栽の「根洗い」

　盆栽は育てていると、数年のうちに根が成長して、鉢の中で密集して固まった状態になります。鉢から出って土を取り除き、水盤など平らな器に置いて根の部分も一緒に鑑賞することを「根洗い」または「根洗い盆栽」といいます。苔玉のルーツになった技法です。

植替えの際に根から土を取り去ることも「根洗い」といいます。

吊り下げるタイプで
空間を演出する

　苔玉には、江戸時代から親しまれている「吊りしのぶ」にヒントを得た、吊るすタイプもあります。這うように成長する植物を選ぶと、広がるように枝や葉が伸びて華やかになります。吊り下げるタイプは、空間を動きのあるグリーンで彩ることができます。

ガジュマル

コツ 3

観葉植物と園芸植物

植物の特徴を知り種類を選択する

観葉植物 / 園芸植物

自分が作りたい作品の植物を考えてみる

　苔玉は主に観葉植物と園芸植物が用いられます。

　観葉植物は原産地が温かい地域のものが多く、寒さに弱いので屋内で育てるのに向いています。種類により日光が少なくても育ち、水やりもほどほどで良いものなど、お手入れが比較的簡単。葉を観賞する目的があり、通年変化なく緑の美しさを維持しています。

　園芸植物は葉の紅葉や花が咲いたり、実をつけたり四季の変化を楽しむことができます。種類によっては充分な日光や水やり、肥料をしっかり与える必要があるなど、こまめなお手入れを要します。

　苔玉はどんな植物でも作品にできますが、サボテンなど乾燥を好む多肉植物などは根腐れしやすくあまり適していません。植物の種類をよく考えて選び、作っていきましょう。

心地良いグリーンの趣きを感じる観葉植物

観葉植物は、室内で手軽に育てられる植物として人気です。日があまりあたらない場所では、アイビーやシンゴニューム、モンステラなど耐陰性のあるものがお勧めです。洗面所やお風呂場などでは、ポトスや高温多湿を好むシダ類などが適しています。

アイビー

色合いや形が楽しめる実のなる園芸植物

植物のなかには、赤や黄色、黒といった色合いや、個性的な形をした実が楽しめます。草木に実がなると、イキイキとした生命力を感じます。秋頃に実のなるものが多いので、苔玉を作る際は、実が安定している時期を選ぶと良いでしょう。

大実ゴールテリア

葉の色合いが変化して季節を感じる園芸植物

葉が緑から赤へ変化し、紅葉を見せる植物は、季節感を感じやすく味わい深い作品になります。紅葉が美しくなるためには、昼と夜の気温差が大きいことがポイントです。日中の光が充分にあたることや、特に秋は夜も外に出して寒さを体感させることも大切です。

錦木

コツ 4 苔について
苔の種類と特徴を知る

苔の特性に応じたケアで色合いと質感を保つ

　苔玉は苔の色合いや質感に趣きがあり、成長により変化する姿を見ることも味わい深さの一つです。

　苔の種類は数多く、日差しに強いものや日陰を好むもの、乾燥に強いものや弱いもの、弾力性のあるものなどそれぞれ特徴があります。

　苔玉で使用する際には、ハイ苔やツヤ苔、シノブ苔といった手入れのしやすいものを選ぶと良いでしょう。水分や日照不足で枯れたり、水分過多で蒸れてカビが生えることもあります。育てる際には、苔の種類に応じた管理を行い、日々の適切なケアを施していきましょう。

　購入場所は、園芸店や盆栽専門店、ホームセンター、インターネットなどがあります。

お手入れが簡単で
丈夫なハイ苔

　ハイ苔は半日陰を好み、丈夫な性質の苔です。適度な湿度が必要になり、乾燥すると茶色に変色してしまいます。適度な日の光できれいな緑になり、どんな土とも相性が良いという点もあります。管理がしやすいので、ディスプレー用として用いられることが多いです。

光沢のあるグリーンが
味わえるツヤ苔

　ツヤ苔は岩の上や木の根元などに生息し、その名の通り表面にツヤがあり、濃い緑色が特徴の品種です。半日陰を好み、横へはうように成長し、数週間で新しい芽が出て、多数の枝が細長く伸びます。重なり合う葉が繁ると、見た目の鮮やかさと手触りの良さも感じられます。

細かい葉が織りなす
繊細さを感じるシノブ苔

　シダ植物の「シノブ」のような形状から、名付けられています。茎は横へ伸びていき、適切な生育環境は半日陰です。葉の先はとがるような形で細かく分かれながら成長するので、レースのような風合いを醸し出します。乾燥に弱いので水やりに気をつけましょう。

コツ 5 苔玉作りの手順
材料や手順を確認し自分好みの苔玉を作る

必要な材料を揃えて苔玉作りをスタート

　苔玉にする植物を決めたら、材料を揃えて苔玉作りをはじめましょう。

　必要なものは、植物と土、苔、ハサミ、糸、針金、手袋、霧吹き、ウレタンシートです。土はケト土と赤玉土、燻炭の3種類。ケト土は自然の土なので消毒されていないため手荒れなど保護の為に手袋を用意します。糸は苔玉に巻きつけるので、同化しやすいモスグリーンのミシン糸を用意。材料を置くウレタンシートが無い場合は、サランラップやビニールでも良いです。

　植物により苔玉の大きさは変わります。大きいサイズの植物や枝ぶりが長いもの、実が多くなっているものは、作るときに扱いが難しくなります。最初は小ぶりの植物を選び、作りやすい小さい苔玉からはじめましょう。

3種類の土をまぜて
苔玉の土台を作る

　土は保水性と粘性、肥料分を含んだケト土を7割、通気性や保水性があり粒が大きい赤玉土を3割の配分で用意します。根腐れや水分不足を防止する通気性と保水性に優れ、水や空気を浄化する燻炭を赤玉土と同じ程度を目安に入れます。

ある程度湿らせた
シート状のシノブ苔を用意

　シート状になっている苔は、扱いやすいように湿らせておきます。ある程度の水分で土と密着し、うまく固定されるのです。球状になった土を苔で覆っていくときに隙間ができてしまった場合は、残った苔をスペースの分取り、空いている部分を埋めていきます。

ワンポイントアドバイス　水苔を土に混ぜて保水性をアップさせる

　乾燥に弱い植物の場合、土に水苔を混ぜる方法があります。水苔は排水性や通気性だけでなく高い保水性も備えているので、土の中に水苔を混ぜることで、乾きやすさが軽減されます。苔玉は鉢ものより水分が失われやすいので、土を考慮することも長持ちさせるポイントです。

苔玉作りの手順

3種類の土を混ぜ合わせる

1

土を混ぜる準備をします。ケト土は自然の土なのでなるべく手袋をして作業しましょう。

4

霧吹きで水を足します。粘土のような湿った状態になるように、少しずつに分けて数回水を補給します。

2

トレーで3種類の土をまんべんなく混ぜ合わせて、小さな枝やゴミなどがあれば取り除きます。

5

指の間から土が出るようにこねて、弾力をアップさせます。耳たぶ程度の固さになるように練ります。

3

ある程度混ぜ合わせたら両手の指を広げてまとめるようにしながら、少しずつこねはじめていきます。

6

両手で力を入れてこねていき、土がまざり充分に練りあがると、ツヤが出て光沢のある土になります。

part 2

苗を土でくるむ

7

葉や茎を傷めないように優しく根元部分を持ち、ポットから出します。根の状態などを確認します。

10

根の部分を包む適量の土を手に取って用意します。完成後の苔玉の大きさを考えた量にします。

8

片手で植物を支えながら、根を傷つけないように注意して余分な土を少しずつ取り除いていきます。

11

土広げた状態

土をウレタンシートに丸く広げます。5mm程度の厚さを目安に伸ばし、根を包む大きさにします。

9

土はあまり落とさないようにします。丸い形にするために、角の土を取り成形の基礎作りをします。

12

広げた土の真ん中に植物の苗を置きます。根が充分に包み込める分量あるかどうか確認します。

苔玉作りの手順

🌱 丸く成形する

13 広げた土の真ん中に植物の苗を置きます。根を充分に包み込める分量があるかどうか確認します。

14 ウレタンシートで包みながら、おにぎりを作るように握り、土が根にしっかりと張り付くようにします。

15 土が張り付いたら、根と土の間に空気の隙間が入らないように握り、形を作っていきます。

16 まとまったら大きさを確認します。苔をつけるので目標の完成形よりひとまわり小さいのが理想です。

安定するように底を平らにします。

ワンポイントアドバイス 土の加減を調整して目標の大きさにする

大きさが小さいときは土をつけ足して、調整します。追加した土を広げて伸ばしながら、はがれないように良く馴染ませて握っていきます。

part ②

🌱 苔で包む

17

シート状の苔を裏面を上して置きます。緑色の面が表（写真左）、茶色い面が裏（写真右）です。

20

両手に力を入れて、苔がはがれず定着するように、しっかりと貼り付けていきます。

18

苔の中心に、土でくるんだ苗を置きます。底が安定していることを確認します。

21

おにぎりに海苔を巻くような感じで握ります。見えない部分ですが、底にも隙間なく付けましょう。

19

苔を土に張り付けていきます。隙間ができないように、細かい部分も見ながら全体を包みます。

22

苔が土に馴染むように貼り付いたら、ムラや隙間がないか、糸で固定する前に全体をチェックします。

苔玉作りの手順

糸でまいて苔を固定する

23

糸で巻き付けるときに、最初は苔がバラバラにならないように苔を支えながら大まかに巻きます。

26

全体的に糸を大まかに巻き付け終えたら、次は等間隔に細かく巻き付けていきます。

24

苔玉を持つ手は固定させ、糸を持つ手を横や縦、斜めの方向など、様々な角度から動かして巻きます。

27

糸を巻き付けている部分が均等に行き渡っているかを確認し、足りない部分は補います。

25

根元部分は茎に気をつけます。根元に葉がある植物の場合は、糸で巻き込まないように注意します。

28

巻き方の強さは、糸が軽く張る状態が目安です。強過ぎや弱過ぎで形が崩れないようにしましょう。

針金で糸を留める

29

糸を留めるためのピンを作ります。針金を2〜3cmくらいにハサミで切ります。

32

糸を巻き付けたピンを、苔玉の底の部分にさし込んでいきます。

30

カットした針金を指で優しく押しながら、U字の形にします。

33

ピンを留めた後、残った糸をハサミで切ります。

31

巻き付けた終わりの糸をU字にしたピンに引っ掛けて巻き付けます。

34

完成したら、水を入れたバケツに10分程度入れておき、充分に水分を与え、取り出して水気を切ります。

part 3 上手に育てる方法

元気に成長しているか苔玉の状態をチェックする

　苔玉をイキイキと育てるためには、ポイントをおさえてケアをしていくことです。光や水分、通気性、温度といった環境を整えることはもちろん、成長具合に合わせて肥料や剪定などプラスアルファのお手入れを施します。それぞれの植物には順応性があるので、育てる環境が多少変化しても上手く対応します。毎日元気な姿を見せているか、苔や葉、枝の色ツヤなどの状態を温かく見守りながら観察していきましょう。

苔玉の管理方法

光と水分、風通しに気を付ける

コツ 6

植物が元気に育つ環境を整える

　苔玉を育てるためには、光と水分、風通しが大切です。

光は、春と秋には午前中の柔らかい光、夏は朝の光から半日陰、冬は日中の明るい光を目安にします。

　水やりは春や秋は1日か2日に1回、夏は毎日、冬は2～3日に1回が目安。苔玉の大きさや置く場所によっても変わるので、良く観察をして苔の表面が乾いたら水やりをします。

　通気性に配慮することも大切です。室内など風通しの悪い場所に長時間置くと、苔玉が蒸れたり熱がこもったりし、根腐れなどをおこします。

　観葉植物は比較的室内で元気に育ちますが、自然のものなので時には外へ出しましょう。園芸植物は、基本的に屋外でイキイキと育ちます。

適度な日の光を与えて
葉や苔のグリーンを保つ

　植物は元々外で生息しているので、外の光は成長に必要なものになります。光は不足すると葉や苔の色が悪くなり、強すぎると葉焼けや水切れをおこします。室内で育てている場合は、窓際の明るい所へ置いたり、たまに外へ出したりして適度な光を与えてあげましょう。

たっぷりと水を与え
苔玉をイキイキとさせる

　水やりは苔玉の表面を触り、乾いていたら与えます。バケツなどに水を入れて、その中に苔玉の大きさや乾き具合にもよりますが2～3分を目安につけておきます。乾いていると気泡が出ます。泡がなくなったら充分に水分が行き渡ったことになるので、取りだして水気を切ります。

風通しの良い場所で
適度な空気に触れさせる

　苔玉は適度な通気性があることで、根が空気に触れて水分をうまく茎や葉へ供給できます。室内でエアコンや扇風機の風が直接あたる場所は、乾燥が促進されてしまいます。室内で鑑賞用の場合、たまに室外などで外気をあてます。根が充分に呼吸できる環境を作りましょう。

良い状態と悪い状態

色やツヤ、成長具合から苔玉の様子を見極める

コツ 7

○ イキイキと苔が育っている苔玉

× 苔が変色し元気がない苔玉

状態が悪くなったら苔を貼り替える

　苔は光を浴びて水分を吸収し、光合成をすることで鮮やかな緑色を保ちます。日照不足や水のあげ過ぎまたは不足、風通しが悪く蒸れる、乾燥し過ぎ、温度が低いなど、苔が成長するのに適さない条件のもとでは、しだいに変色して枯れたり腐ったりします。苔の色やツヤがしっかり出ているか、新しく発芽して順調に成長しているか、毎日観察することがポイントです。

　植物は原産地の気候に近いと成長しやすい環境になります。観葉植物は熱帯地域が多いので、温かい場所に置いて寒さを避けます。園芸種の植物では、原産地が温暖地域なのか寒冷地域か、砂漠地域なのか湿地帯地域かなど様々なので、生息していた場所を確認するとお手入れがしやすくなります。

part 3

葉の状態から
植物の健康状態を知る

　植物が元気に育っているかどうか、葉の状態から見極めることができます。健康であれば、鮮やかでツヤのある緑色をし、ハリのある状態を保っています。新芽や若葉が、順調に出ていることもあげられます。葉が良い状態であれば、根もきちんと育っていることがわかります。

毎日葉の様子を見て、状態を確認しましょう。

水分や日光不足などで
元気がなくなる

　葉は水分不足で茶色や黄色に変色し、ハリがなく垂れ下がり、シワができます。強い日光にあたり過ぎると、葉が黒く焼けてしまうことがあります。日光不足で、葉はやせ細ります。観葉植物や温暖気候を好む植物は、気温が10度以下では葉が変色して落ちたりします。

葉が欠けていたり変色していたらダメージのサイン。

葉や枝が重なり過ぎず
風通しの良い状態にする

　風通しが悪く湿度が高い場所では、カビが発生することもあります。葉の表面に黒や茶色の斑点ができ、その後枯れてしまうなどの症状が表れます。風通しの良い場所へ移し、葉や枝が多く繁り過ぎている場合は、剪定をして通気性の良い状態にするなど対処をしましょう。

葉や枝に適度な空間があると、風通しが良くなる。

コツ8 苔の貼り替え

新しい苔に貼り替えて苔玉を蘇らせる

用意する道具：
新しい苔、糸、
ハサミ、針金

苔や植物の様子を良く見て苔玉の状態を確認する

　苔はハリやツヤが無くなり、茶色や黒に変色し状態が悪くなることがあります。特に高温多湿で通気性が悪いと、蒸れてカビが発生することもあります。苔が悪くなった場合、光や水、風通し、温度など不足している条件を補うことで新芽が出て回復することもありますが、戻らない場合は苔を貼り替えて作り直す必要があります。

　苔の貼り替えで用意する道具は、新しい苔と糸、ハサミ、針金です。
　手順は、苔を優しくはがしてきれいに取り去った後、苔玉を作るときと同じ流れで新しい苔で覆います。
　苔をはがしたときに根が成長し過ぎて伸びていたり、土の中で根がいっぱいになっていたら、土も新しいものに替えて作り直しましょう。

🌱 古い苔をきれいにはがす

1

苔玉の表面に巻きついて苔を固定していた糸を、数か所ハサミで切り、ゆるめます。

3

植物の幹や枝、根などを傷めないように、苔を優しく丁寧にはがしていきます。

2

ゆるんだ苔に、はがしやすいように、切り込みを入れていきます。

4

苔玉の形が崩れないように、状態を確認しながら苔をすべてきれいに取り除きます。

5
　苔をはがしたらP35-37同様に、新しい苔を貼り付けて、糸で固定して先端を針金で留めます。
　苔は真夏や真冬に色が落ちますが、春から梅雨の時期や涼しくなる秋にはまた苔むすので、その時期まで様子を見るのもひとつです。苔は状態が悪くなったら貼り替えますが、貼り替えに適切な時期は、春から梅雨、もしくは秋になります。

コツ9 苔玉の剪定

不要な部分をカットして見栄え良く成長を促す

苔玉を剪定をして元気に育つ環境を整える

　枝葉のお手入れを特にしないでいると、葉が多く出て重なり合い光があたらない部分がでます。

　光不足では、長く弱々しく成長して伸びる、徒長で成長してしまいます。徒長は見栄えが悪いだけでなく花が咲かない、実がつかない、病気や害虫への抵抗力が弱くなるといった状態になるのです。

　対応策としては、剪定が必要になります。

　剪定は、成長を促す役割もあります。枝の先端や途中を切ると、そこから新しい枝や芽が出るのです。また、枝や葉を切り揃えることで、姿形が整い見栄えがよくなります。花が咲いた後や落葉後の休眠期など、植物により剪定に適した時期があります。

ハサミを入れる前に
カットする枝を確認する

　ハサミを入れる前に、植物全体を良く見てどの枝を切るか決めます。P46左写真のように、1本だけ長く飛び出し徒長しているような枝や枝同士が絡み合っているもの、重なり合うものなどもカットします。切り口がキレイに切れるように、剪定バサミや植木バサミを使います。

剪定時には
樹液に気をつける

　ハゼ（写真）などウルシ科の植物は、葉や茎を切った際に出る白い樹液で肌が炎症をおこすことがあるので、手袋をしましょう。トクサやススキは冬に上部が枯れるので、下3cmを残して切ると、春に新しい芽が伸びます。伸び過ぎや不揃いの枝、枯葉なども適宜カットします。

種類によって
剪定する時期が異なる

　温暖な気候を好む観葉植物は、体力の弱い寒い時期を避けて剪定しますが、植物によって剪定時期は変わります。花や実のものは、時期を間違えると目には見えていない花芽を切ってしまい、花が咲かず実もならないことがあります。植物の特性を確認して、適した時期に剪定をしましょう。

苔玉のメンテナンス

肥料を与えて苔玉を長持ちさせる

コツ 10

プラスアルファのお手入れをして苔玉をさらにキレイに魅せる

　日常的な苔玉の管理は、苔の表面を触り乾いていたら水を与え、水分を切ってお皿にのせ、光と外気にあてます。外出で毎日の水やりができない場合は、深さのあるお皿に水を入れて、苔玉をつけておきます。

　日頃のお手入れに加えて、春（4〜5月）と秋（10〜11月）に肥料を与えると、苔玉はさらに元気よく育ちます。

　肥料は、ハイポネックスなどの液体肥料の原液を、薄めた水の中に入れます。花物は週に1度、葉物は10日に1度を目安に行うと良いです。冬は休眠期に入るので、肥料を与えるのに適していません。与えることで、逆に枯れてしまうこともあります。適した時期に適量の肥料を施すことで、植物の葉のツヤや花のつきも良くなります。

液体肥料の
原液を薄める

　肥料は園芸店やホームセンターなどで売られている、ハイポネックスなどの液体肥料を使います。液体肥料の原液は、水を入れたバケツの中に入れます。1,000倍前後に希釈される濃度が目安になります。液体肥料は、使用後フタをしっかり閉め、直射日光を避けて保管します。

肥料の入った水に
苔玉を沈める

　肥料の準備ができたら、苔玉をバケツの中に沈めます。普段の水やりと同様に気泡がなくなるまで入れます。植物のなかには野バラなど、苔玉の土だけでは養分が足りず、肥料をしっかりと与える必要の種類もあります。植物の特性をチェックして、適正な施肥をしましょう。

数日の外出には
水につける方法で対処

　外出で水やりができない場合は、深さのある器に苔玉が4分の1程度浸る水を入れてつけておきます。日陰で風通しの良い所に置きましょう。水につけておくのは2〜3日が目安。4日以上は根腐れをおこすこともあるので、誰かに預けるなどの対応をしましょう。

外出後はしっかりと水を切って器に置き直します。

part 4 観葉植物の苔玉

元気に成長しているか
苔玉の状態をチェックする

　温暖な地域が原産地の観葉植物は、室内で育てるのに適しています。アレンジするなら、管理がしやすい観葉植物がビギナーにお勧め。葉が落ちることなく一年中グリーンの葉を楽しむことができ、比較的丈夫でお手入れしやすいのが特徴です。光や水分、通気性といった条件が多少不足している場所でも元気に育つので、家の中の様々な場所に飾ることができます。自分の好きな種類を選び、苔玉にしてみましょう。

観葉植物　モンステラ

コツ 11

涼しげなアレンジで
グリーンを楽しむ

モンステラは成葉になると深い切れ込みが入るのが特徴で、一年中グリーンを楽しめる観葉植物です。ぐんぐんとつるが伸び、葉の成長ごとに様々な形が楽しめます。

part ④

PLANTS MEMO
モンステラ

切れ込みのある葉の形が特徴

　モンステラは、サトイモ科のつる性植物です。原産地は熱帯アメリカで約30種類が分布しています。熱帯地域の植物のため、寒さに弱い性質があります。長時間寒いところに置いておくと、葉が黄色くなり枯れてしまうので注意が必要です。

　葉は苗の段階ではハート型ですが、成葉になると葉に穴があいて切れ込みが入ります。マングースカズラやハブカズラも葉の形が似ていますが、別属の植物です。名前はラテン語で怪物という意味の「モンストラム」が由来であるといわれています。

作り方と育て方
古くなった葉は取り除く

STEP 1
苗は葉に広がりがあるものを選び、直射日光を避けて、明るい日陰に置きましょう。

STEP 2
古くなった葉は色が悪くなるので、気づいたときに取り除くとキレイなアレンジをキープできます。

STEP 3
器はアクリル製の器を選ぶと、夏らしい涼しげな印象に。秋から冬は焼き物の器もおすすめ。

観葉植物　ペペロミア

コツ12　小ぶりでカワイイ葉を生かす

ペペロミアの花言葉である「可愛らしさ」が表すとおり、小ぶりで丸みを帯び、プリッとした肉厚な葉が魅力です。枝は高低差のあるものを選ぶと、アレンジに立体感が出ます。

part ④

PLANTS MEMO
ペペロミア

肉厚の葉で乾燥を好む

　コショウ科ペペロミア属の常緑多年草であるペペロミア。ギリシャ語で「コショウに似た」という意味があり、コショウの葉と形が似ていることから名づけられました。

　原産地は熱帯アメリカで、寒さに弱く、乾燥を好む性質があります。

　日本では四国、九州、沖縄を中心にサダソウ、小笠原諸島にシマゴショウが自生しています。葉の大きさや形は種類によって様々ですが、肉厚で小さく斑入りの葉が多く存在します。小さな花が穂状にたくさん集まってつきますが、花びらや色味はありません。

作り方と育て方
苗はポットの中央に集まっているものを選ぶ

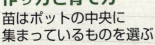

STEP 1
苗は多方向に枝が生えているとまとめにくくなるため、ポットの中央に集まっているものを選びましょう。

STEP 2
写真のアレンジで使用したのは、1000種類ほどあるペペロミアの中の「プテオラータ」です。

STEP 3
水を蓄える力が優れているので、水やりは控えめに。苔玉が軽くなったら水を適量あげましょう。

観葉植物　アスパラガス

コツ 13
繊細な葉の広がりを楽しむ

夏野菜として親しまれているアスパラガスですが、葉に馴染みがある人は少ないかもしれません。明るい緑色をした細やかな葉が、軽やかで涼しげな印象を与えてくれます。

part ④

PLANTS MEMO
アスパラガス

**寒さに強く
細い葉をつける**

　この植物はキジカクシ科（ユリ科）アスパラガス属の常緑多年草です。
　原産地は南アフリカなどの温帯・亜熱帯地域となります。耐寒性はとても高く、日本では関東よりも西の地域であれば、露地で育てて冬を越すこともできます。

　和名が「スギノハカズラ」といわれるように、杉の葉に似た繊細な雰囲気があるのが特徴です。茎は分枝し、たくさんの小枝を出しながら四方に広がるように伸びます。夏に白い花を咲かせ、小さな果実をつけます。茎にはトゲがあるので、注意が必要です。

作り方と育て方
細やかな葉は
ボリューム感で魅せる

 STEP 1
葉が細かくボリュームがないので、新芽をたくさん伸ばして全体的なまとまりを出しましょう。

 STEP 2
写真のアレンジは、「スプレンゲリー」という種類です。

 STEP 3
コンクリート製のプレートの上に置いたり、釣り鉢に入れて飾ると風情を楽しめます。

コツ 14 観葉植物　テーブルヤシ、アイビー、

種類の違う苔玉を並べる

小さなアレンジを、いくつかまとめて飾るのも可愛いです。姿形の違う緑がテーブルに並ぶと、奥行きや幅が出るコーディネートに。苔玉がジャストにおさまる器にすれば、足元がしまります。

作り方と育て方

テーブルヤシ

ヤシ科の小型ヤシで南国の雰囲気が出る

テーブルヤシは、ヤシの木をミニチュアにした植物です。陽気で明るい装飾になるので、夏向きのアレンジに適しています。

アイビー

つるを伸ばしてたれさがる形を楽しむ

アイビーは、ウコギ科のつる性植物です。釣り鉢で吊るしたり、高いところに飾ってつるの成長を楽しむと良いでしょう。

プテリス、ポリシャス　part 4

左から、テーブルヤシ、アイビー、プテリス（エバージェミエンシス）、ポリシャス（バタフライ）

作り方と育て方

プテリス
成長すると広がりのあるフォルムになる

プテリスのエバージェミエンシスは、中心から葉がたくさん生えるので、広がりがあり、丸みのある葉が可愛らしさを演出します。

ポリシャス
丸く愛らしい葉と太い幹が特徴

ポリシャスのバタフライは、班入りの葉が特徴です。しっかりとした太い幹から対照的に細い枝が伸び、丸い葉をつける姿が個性的です。

コツ 15

観葉植物　ヒポエステス

カラフルな色味の違いを楽しむ

同じヒポエステスでも、品種が異なると葉の色味も大きく変わってきます。赤、白、ピンクとカラフルな斑点を生かした、可愛い寄せ植えを作るのにぴったりの植物です。

part 4

PLANTS MEMO
ヒポエステス

葉は丸みを帯び斑点模様がある

キツネノマゴ科ヒポエステス属の常緑低木です。

原産地は、マダガスカル島などの熱帯となり、約40種類が自生しています。冬から春にかけて赤紫色の花を一つずつ咲かせます。葉の形は丸みを帯びているものが多く、広範囲に斑点が入ります。

葉には白や赤、ピンク色の斑点が入ることから、和名で「ソバカスソウ」と呼ばれます。白い斑点は「ホワイトスポット」、赤い斑点は「ローズスポット」、ピンク色の斑点は「ピンクスプラッシュ」といいます。

作り方と育て方
アレンジをするときは葉の色味をいかす

STEP 1
キレイな斑入りの葉にするには、たくさんの日照が必要になります。また、日照が少ないと、細長く頼りない茎になってしまいます。

STEP 2
寒さに弱いので、冬期は室内に置いておきましょう。

STEP 3
シンプルな陶磁器のプレートに乗せて、カラフルな葉の色味を生かしましょう。

コツ 16

観葉植物　ドラセナ・コンシンネ

南国の樹木のように茎に変化をつける

細い剣のようにスッと伸びた葉が印象的です。中心からどんどん新しい葉が生えてくるので、ボリューム感を出すことで、南国の樹木のような夏らしいアレンジになります。

part 4

PLANTS MEMO
ドラセナ・コンシンネ

育てやすい人気の植物

ドラセナ・コンシンネは、リュウゼツジュ科ドラセナ属の常緑低木です。

原産地はマダガスカル島などの熱帯地域となり、日光を好み寒さには弱い性質があります。

葉の淵に白いラインのように斑が入った「ホワイトボリー」や、赤いラインが入った「レインボー」など、種類によって葉の色が異なります。

木の幹のようにしっかりとした太い茎が伸び、比較的丈夫で育てやすいので、幸福の木として親しまれる「ドラセナ・マッケンゲアナ」と並ぶ人気植物です。

作り方と育て方
茎のラインに変化をつけることもできる

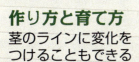

STEP 1
茎が柔らかいので、途中で茎を曲げて育てることも可能です。茎をカットして、カットした部分を針金などで伸ばしたい方向へ矯正しましょう。

STEP 2
直射日光には強くありませんが、年間通して日光に当てることを心がけましょう。

STEP 3
古い葉は取り除き、集中的に葉を生い茂らせて育てていくことがポイントです。

コツ 17

観葉植物　エバーフレッシュ

涼やかな葉に合う透明なプレートを選ぶ

葉と葉のすき間が広く、風に揺れる様子が涼しげなので、夏らしいアレンジに適しています。シンプルでスタイリッシュなインテリアと相性の良い人気の観葉植物です。

part ④

PLANTS MEMO
エバーフレッシュ

一日を通して葉が変化する

　エバーフレッシュは、マメ科ピトヘケロビウム属の非耐寒性常緑高木です。原産地は中南米や東南アジアなどの熱帯・亜熱帯地域となり、寒さに弱い性質があります。ネムノキの一種で、日中は葉を広げ、夜になると葉を閉じてだらんと垂れ下がります。これは夜間、水分の蒸発を防ぐためです。ネムノキは落葉樹ですが、エバーフレッシュは冬でも落葉はしません。

　春から夏にかけて丸く黄色い花が咲き、赤いサヤに黒い実をつけます。そのため、「アカサヤネムノキ」とも呼ばれます。

作り方と育て方
透明感ある器を使うと涼しげな印象がアップする

STEP 1
成長が早いので、余分な葉が生えてきたら古い葉は取り除いて、新しい葉を生やすようにしましょう。

STEP 2
上部の葉を取り除くことで、下部の茎から新しい葉が出てきます。そうすると、植物全体のバランスがよくなります。

STEP 3
ガラスの食器に乗せると、涼やかで夏らしいアレンジになります。

観葉植物　ガジュマル

コツ 18

つるの垂れ下がりを楽しむ

つる性のガジュマルは丸みを帯びた可愛らしい葉と、下方に伸びるつるが魅力です。高いところ飾ったり、釣り鉢に入れて吊るして、つるの垂れ下がりを楽しみましょう。

part ④

PLANTS MEMO
ガジュマル

巻きつくように成長していく

　ガジュマルは、クワ科フィカス属の常緑性高木です。

　原産地は東南アジアから日本南部と広範囲になり、暑さに強く寒さには弱い性質があります。日本では沖縄や小笠原、屋久島などで見られ20m以上の高さになる木もあります。幹の途中から根が生え、これが地面について成長すると、木を支える支柱根となります。

　沖縄では古くから、ガジュマルには幸福をもたらすキジムナーという精霊が住んでいるといわれます。このことから、「多幸の樹」とも呼ばれています。

作り方と育て方
吊り鉢でつるの垂れ下がりを生かす

STEP 1
下方へよく伸びていくので、間引きをしながら全体のバランスを考えて育てましょう

STEP 2
釣り鉢は皿の後ろに紐を通し、皿と紐をしっかり接着剤で止めて固定します。植物の落下には十分注意して、飾りましょう。

STEP 3
写真のアレンジは、「フィカス・シャングリラ」というつる性のガジュマル。器は特殊な土で作られたくらま皿。

コツ **19**

観葉植物　イランイラン

グングン伸ばして
存在感あるインテリアに

勢いよく成長するので、土台の玉部分を大きくして、植物の成長とバランスよくなるようにします。存在感のある大きな苔玉に作りあげて、お部屋に飾りましょう。

part ④

PLANTS MEMO
イランイラン

大きな葉は成長早く、大きくなる

　イランイランは、バンレイシ科イランイランノキ属で、東南アジアやオーストリアで良くみられる、熱帯性の常緑樹です。成長がとても早く、すぐに大きくなります。

　温暖な気候の環境で、ある程度の大きさになると、黄緑色で花びらの長い花が咲きます。葉は先がとがり、長く楕円の形をしています。温かい場所を好むので、冬は室内で育てます。寒さや乾いた場所では葉が傷みやすくなります。

　花は、アロマオイルや香水の原料として使用されています。

作り方と育て方
土の量を多めにして大な苔玉にアレンジ

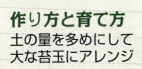

STEP 1
成長が早いので、高さを出したくない場合は、剪定して調整し、下から葉が出るのを待ちます。

STEP 2
日あたりと水はけが良く、適度な湿度がある環境を好みます。

STEP 3
大木になるので、あらかじめ土の量を多くして、大きな苔玉になるように作りましょう。

観葉植物　コンシンネパメラ

コツ 20

長く伸びる幹と
しなやかな葉で構成

長く伸びる茎と、細長く密集して繁る葉が、魅力的な姿をみせます。茎は、針金やヒモなどで人工的にクセをつけ、オリジナリティのある面白いラインを形成することができます。

part ④

PLANTS MEMO
コンシンネパメラ

幹は柔らかく変化する

　コンシンネパメラは、リュウゼツラン科ドラセナ属で、マダカスカル原産です。熱帯性の植物なので、明るくて温かい場所を好みます。

　環境に順応しやすく育てやすい植物ですが、冬は温度や日照不足などに気をつにましょう。幹のつけ根から細長い葉が広がるように出て、下の古い葉を落とした後、新しい葉が出てきます。年数をかけて育てると、木の変化が楽しめます。

　幹が柔らかいので、針金やひもで固定し、曲げるなど変化をつけて育てることもできます。

作り方と育て方
幹の変化に対応できる安定した土台を作る

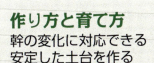

STEP 1
成長が活発な春から秋は水分を多く必要としますが、冬はあまり必要としないので、季節に応じて調整をします。

STEP 2
大きな苔玉なので、底をしっかりと平らにして倒れないように作ります。

STEP 3
器はガラスの食器皿を使用。透明感ある土台が、苔玉を引き立たせます。器によりアレンジのイメージに変化をつけることができます。

part 5

園芸植物の苔玉

季節の変化を実感できる園芸植物の苔玉

　園芸植物は、四季の変化に合わせて様々な表情を見せます。花が咲いて実をつけ、紅葉をした後に葉が落ち、また芽吹いていく。その変化を見ていると、季節の移り変わりがわかり、苔玉の成長を実感することができます。園芸植物は、基本的に外で育てます。戸外で四季を体感させると、イキイキと成長していくのです。園芸植物でお部屋を明るくする、個性的な苔玉オブジェを作ってみましょう。

コツ21

園芸植物　もみじ

品種の違うもみじで季節の変化を楽しむ

日本を代表する馴染み深い植物です。印象的に色づく紅葉だけでなく鮮やかな新緑も魅力があり、一年中楽しめます。小さな種類もあるので、インテリアに合わせた品種を選びましょう。

part ⑤

PLANTS MEMO
もみじ

各地域の山野に自生し園芸種として人気

　もみじは、カエデ科カエデ属の落葉高木。日本や東アジア原産で、日本各地に自生し気候が適していることから育てやすく人気の品種。もみじは種類が数多く、系統を大別すると、イロハもみじ系やハウチワもみじ系、ヤマもみじ系、オオもみじ系などがあります。

　イロハもみじ系は、一般的なもみじよりも葉が小さく、小ぶりで優しい印象。
　ハウチワもみじ系は、うちわのように見える葉で、伸びた茎が赤みを帯びています。
　風通しの良い所へ置き、真夏の日差しはさけます。

作り方と育て方

STEP 1
清姫（イロハもみじ系）

強い日ざしは避けて乾燥しないように水を与える

清姫はイロハもみじ系の小葉の品種です。春には芽吹き、夏には葉全体がツヤのある緑に、秋はキレイな紅葉をみせます。

STEP 1
ハウチワもみじ

2本の茎を絡みあわせて一つの作品にする

2本を絡み合うように合わせて寄せ植えすることで、葉が広がりをみせ、ボリュームのある苔玉になります。

園芸植物　大実ゴールテリア

コツ 22

力強い緑と鮮やかな赤い実を上手に合わせる

苔玉に沿うような葉の間から、粒の大きな赤い実が顔を出し、個性ある色合いと形状のアレンジ。手作り感ある器と組み合わせれば、ナチュラルテイストに仕上がります。

part ⑤

PLANTS MEMO
大実ゴールテリア

通気性が良く柔らかい明るさを好む

　大実ゴールテリアは、ツツジ科の常緑低木で別名「チェッカーベリー」とも呼ばれ、原産地は北アメリカ。耐寒性があり日かげでも育ちます。地に這うように成長するので、グラウンドカバーとしても利用されます。土の中で茎が枝分かれし、地下茎を伸ばして成長していきます。

　6月～7月に釣鐘状の白い花をつけ、実は秋から冬にかけてなり春先まで楽しめます。実は最初は青く、徐々に赤くなっていきます。夏は蒸れやすく強い日ざしに弱いので、風通しの良い半日かげに置きましょう。

作り方と育て方
実に気をつけながら苔玉を作る

STEP 1
苔玉のアレンジをする時期としては、実が安定している秋頃が適しています。（一般的に10月位を目安にすると良いでしょう）

STEP 2
苔で覆い、糸で巻きながら固定させていく際には、実が落ちないように注意しながら作ります。

STEP 3
器は特殊な土で作られたくらま皿など、和テイストで赤い実が映える自然な風合いのものが良いでしょう。

コツ 23 園芸植物　ハゼの木

小さい作品を複数作って飾る

ハゼの葉は細長く、秋には紅葉をみせて苔玉の緑と美しいコラボレーションをします。小さなサイズのハゼの苔玉を、大きなプレートに複数並べて、和テイストの飾り付けをしてみましょう。

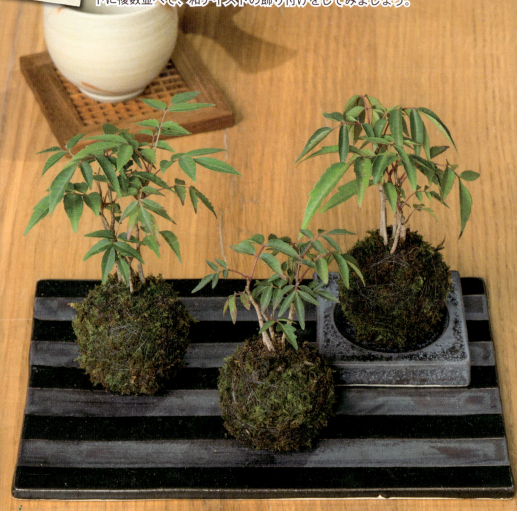

part ⑤

PLANTS MEMO
ハゼの木

水を切らさないようにして美しい葉の色をキープ

ハゼの木は、ウルシ科ウルシ属の落葉小高木で南アジアが原産です。ウルシと同じ種類になり、茎を切ると白い樹液が出て、かぶれることがあります。

発芽は複数の種を植えて行います。夏の日ざしにも強いですが、直射日光にあてすぎると土がすぐに乾燥して水切れをおこしやすいので、半日かげに置くのが良いでしょう。

秋にはキレイな紅葉を見せます。ハゼは、伸びた幹の上部に枝葉をつけて成長します。伸びすぎて姿形が悪くなったら、剪定で整えます。冬の終わりから春の初めが適しています。

作り方と育て方
苔玉を小さいサイズにうまくまとめる

STEP 1
苗が小さいので、苔玉の大きさも小さく形成するのがポイントになります。小さくまとめて、可愛らしい感じに作りましょう。

STEP 2
秋の紅葉時期には、葉が真っ赤に色づくので魅力的な苔玉になります。

STEP 3
小さなアレンジを2～3個作り、並べて飾ると素敵なインテリアになります。

園芸植物　イワシャジン

コツ24

花のボリュームで引き立たせる

薄紫色で釣鐘のような可憐な花が咲き、華やかさの中に落ち着きのある風情を醸し出します。花の美しさが映えるバランスを考えて、苔玉の大きさを形成しましょう。

part 5

PLANTS MEMO
イワシャジン

秋に薄紫色の可憐な花を咲かせる

　イワシャジンは、キキョウ科ツリガネニンジン属の多年草で、渓谷や岩場に自生する日本原産の山野草です。

　9月～10月にかけて釣鐘状の薄紫色の花をつけることから、「イワツリガネソウ」とも呼ばれます。

　夏の暑さに弱いので、風通しの良い所に置き、高温により枯れてしまうことに注意しましょう。

　湿った地域で自生している植物なので、乾燥に弱く水やりのタイミングをこまめに確認することが大切です。

作り方と育て方
開花直前のタイミングで作り満開の花を鑑賞する

STEP 1
苗のボリューム感があるものは、苔玉も大きくしてバランスをとります。

STEP 2
アレンジの完成後に開花して満開の状態になるように、花が咲く直前の苗で作りはじめましょう。

STEP 3
器はボール型より平らに近い方が相性良く、通常は食器として使用する器（ひだすき模様）でも、合うものがあります。ボリュームに合わせ、大きめの器を選びましょう。

コツ **25**

園芸植物　金虎の尾

黄色い花に合わせた器をコーディネート

小ぶりの黄色い花が点在するように咲き「ゴールドシャワー」とも呼ばれます。枝は曲線を描くように伸びるので、その美しいラインも鑑賞として楽しむことができます。

part ⑤

PLANTS MEMO
金虎の尾

暑い環境には強く夏から秋にかけて咲く

　金虎の尾は、キントラノオ科キントラノオ属の常緑小低木です。

　原産地はメキシコなど中央アメリカになり、暑さを好み寒さに弱い性質があります。日本では夏から秋にかけて黄色い花が咲き、葉は細長い形状になります。原産地では通年花をつけます。

　軸の先に花が集まり穂状になったところが虎の尻尾に似ているところから「虎の尾」という名がつけられています。種類は異なりますが、「花虎の尾」や「丘虎の尾」など「虎の尾」とついた植物は他にもあります。

作り方と育て方
花をつける植物は乾燥に気を付けて水やりを行う

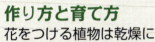

STEP 1
苗は枝葉の数が多いものや、幹や枝に傷みや穴がないものを選びましょう。

STEP 2
花をつける植物は水分を多く必要とします。すぐに苔玉の表面が乾燥しやすいので、乾きに気がついたら水を与えましょう。

STEP 3
器は小さな黄色い花をつけるので、同色で揃えてみるのも良いでしょう。

園芸植物　アメリカヅタ

コツ 26
のびのびとした つるの広がりを楽しむ

つるは放っておくと、壁や木の幹などをよじ登りながらぐんぐんと長く伸びていきます。のびのびと成長するつるの広がりと、垂れ下がる風情を楽しみましょう。

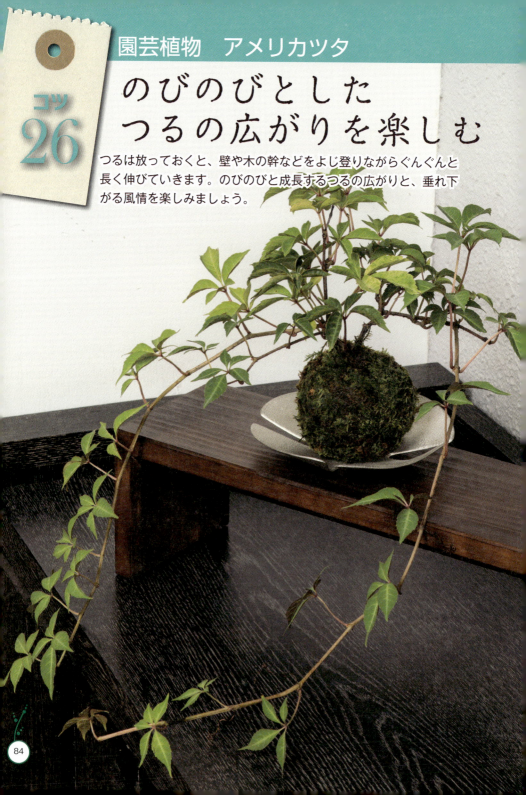

part ⑤

PLANTS MEMO
アメリカヅタ

外でも元気で丈夫に育つ

　アメリカヅタは、ブドウ科ツタ属の耐寒性落葉低木です。

　原産地はアメリカ東部から中部になり、暑さにも寒さにも強くとても丈夫なので、庭植えにも適している植物です。

　6月から8月にかけて小さな黄緑色の花を咲かせ、新しい葉は赤みを帯びています。

　果実の皮は肉厚で果汁が多いのが特徴で、果実の実は夏の終わりになると青黒い色になり熟します。

　秋には美しく紅葉しますが、冬期は落葉して、つるだけの状態になります。

作り方と育て方
花をつける植物は乾燥に気を付けて水やりを行う

STEP 1
長くなりすぎたつるはカットして、全体のバランスを整えましょう。

STEP 2
高いところに飾ったり、釣り鉢に入れて吊るして楽しみましょう。

STEP 3
つるの広がりを楽しめるような、底の浅いプレートとの相性が良いでしょう。

コツ 27

園芸植物　紫式部

光沢のある紫の実は上品なインテリア

ツヤツヤとした紫色の小さな実がなる可愛らしい植物です。赤い実をつける植物は多くありますが、紫の実は珍しいので、アレンジの際は実が引き立つように作りましょう。

part ⑤

PLANTS MEMO
紫式部

花や実などをつけ一年中楽しめる

　紫式部は、クマツヅラ科ムラサキシキブ属の落葉性低木で、日本や東アジアが原産になります。

　6月から7月に葉の付け根に薄紫色の小さな花が咲き、その花が秋になると紫色の実になります。

　最初は緑色をしている実は、少しずつ紫に色づきます。寒さにあたればあたるほど、紫の色が良くでます。落葉後には、実だけが残ります。

　成長が早いので、適度な剪定が必要になります。バランスを考え、枝先の3分の1を目安にカットしましょう。

作り方と育て方
実がキレイに見えるように飾る

STEP 1
小さな粒状の実は、きれいな紫色で枝に沿って数多くなります。実を主役にして飾ることがポイントなので、実を隠してしまう枝は剪定しましょう。

STEP 2
寒さや暑さにも強いので、初心者にも育てやすい植物です。成長が早いため、葉と実が落ちた冬期に剪定を行います。春にはまた新しい枝が伸び、花芽をつけます。

STEP 3
乾燥に弱く、水分不足では葉から枯れていきます。水切れをおこさないようにしましょう。

コツ 28

園芸植物　錦木

美しく儚い紅葉を堪能する

「錦」と名のつく通り、真紅に紅葉した姿がとても美しい木です。カエデの木と比べると鑑賞できる期間が短いので、しっかり管理して長く紅葉を楽しめるようにしましょう。

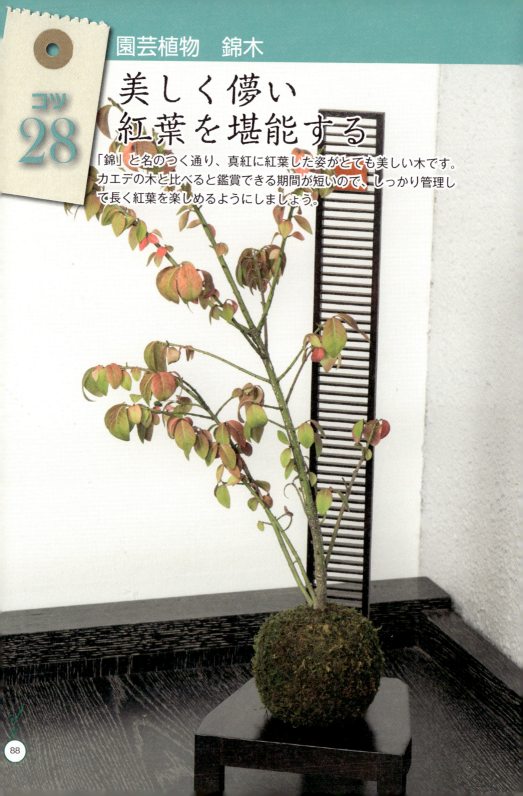

part ⑤

PLANTS MEMO
錦木

三大紅葉樹の一つといわれる美しい色合い

　錦木は、ニシキギ科ニシキギ属の落葉性低木です。

　原産地は日本、中国、朝鮮半島となり、低山などに自生しています。
春になると、葉の下に薄い緑色の小さな花を咲かせます。秋には実が赤く熟し、葉は真っ赤に色付きます。

　芽吹きが非常に良いため、苔玉のアレンジで楽しめるほか、生垣としても人気の高い植物です。

　紅葉が最大の魅力である錦木は、カエデ、スズランの木と並ぶ、世界三大紅葉樹の一つといわれています。

作り方と育て方
秋の紅葉のために
夏場の育て方に気をつける

STEP 1
直射日光や西日を避け、日当たりの良いところに置くと、紅葉できれいに色づきます。

STEP 2
夏に乾燥させると、秋になってもきれいに紅葉しなくなってしまいます。夏期の苔玉の乾燥と直射日光には注意しましょう。

STEP 3
和テイストのイス型の花台に置き、和モダンな雰囲気にしてみましょう。

コツ 29

園芸植物　もみじ青枝垂れ

青枝垂れの流れるラインで部屋を飾る

枝が下がりながら、伸びて成長する姿が印象的です。細かい切れ込みのある葉は清涼感があり、枝葉の織りなす姿が動きのある苔玉として楽しめます。

part ⑤

PLANTS MEMO
もみじ青枝垂れ

垂れ下がる枝と繊細な葉をつける

青枝垂れは、カエデ科カエデ属の落葉低木で、青枝垂れは山もみじの一種です。北半球の温帯地域が原産地となり、日本産の品種が数多くあります。

4〜5月が芽吹く時期になり、春の鮮やかな新緑、秋の黄色く色づく紅葉が特徴です。

寒さに強く半日陰で育ち、虫がつきにくいので、初心者にお勧めの植物です。

垂れ下がるように枝が伸び、繊細な葉をつける姿が魅力です。同様に枝が垂れて葉は赤くなるのは、「赤枝垂れ」という品種です。

作り方と育て方
葉焼けをおこさないように注意しましょう

STEP 1
枝ぶりや葉の付き方がキレイなので、剪定せずに、枝を生かした形にしてみましょう。

STEP 2
強い日ざしに弱く、葉焼けをおこしやすいので、夏は半日陰の場所に置くなど、光のあて方に気を付けましょう。

STEP 3
器は、立体感ある苔玉が主役になる、平たい陶板プレートを使用します。青枝垂れは和洋どちらの器とも相性が良いでしょう。

園芸植物　八重山のいばら

コツ 30

良く成長する枝ぶりで印象的な空間にする

枝がグングン伸びるので、自分好みに整えながらそのラインを鑑賞することができます。適切にケアをすれば、キレイな花や実をつけます。心待ちにしながら、お手入れをしましょう。

part 5

PLANTS MEMO
八重山のいばら

可愛らしい花を咲かせる

八重山のいばらは、バラ科バラ属の常緑性植物です。熱帯地域原産なので、暑さに強い特性があります。

根元に枝が良く出て、横に広がるように枝を伸ばしながら成長していくのが特徴です。

肥料をしっかりと与えて育てると、春頃から白い花を咲かせます。白い花からは、黄色いおしべと赤いめしべが見えて、可愛らしい姿になります。秋頃には実もつけます。

外で育てた方が花や実の付き方が良くなりますが、寒い時期には、凍結からの保護が必要です。

作り方と育て方
横方向に枝を伸ばし見栄えを良くする

STEP 1
バラなので、普段のお手入れのときには、トゲに注意をしましょう。

STEP 2
枝が横に広がるように伸びるので、バランスを整えながら枝の姿を楽しみましょう。

STEP 3
良く成長して伸びるので、苔玉の土をあらかじめ多くして、大きいサイズに仕立てて作ります。

part 6
寄せ植えの苔玉

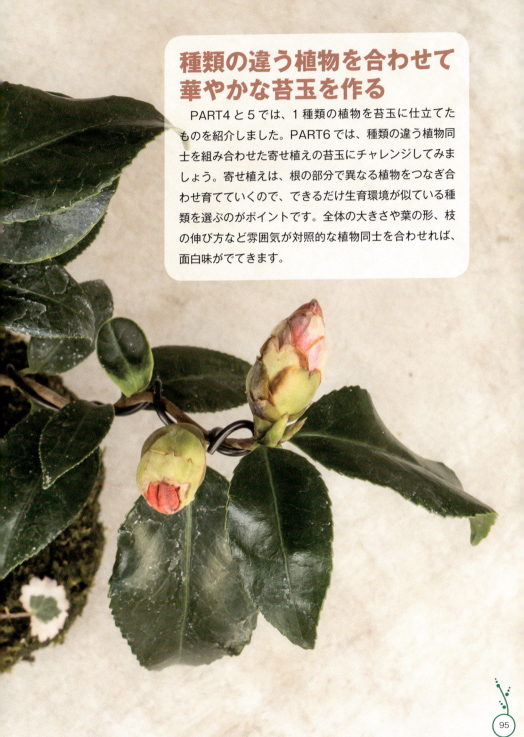

種類の違う植物を合わせて華やかな苔玉を作る

　PART4と5では、1種類の植物を苔玉に仕立てたものを紹介しました。PART6では、種類の違う植物同士を組み合わせた寄せ植えの苔玉にチャレンジしてみましょう。寄せ植えは、根の部分で異なる植物をつなぎ合わせ育てていくので、できるだけ生育環境が似ている種類を選ぶのがポイントです。全体の大きさや葉の形、枝の伸び方など雰囲気が対照的な植物同士を合わせれば、面白味がでてきます。

コツ 31 寄せ植えの手順
配置のバランスを考えて植物を合わせる

調和を考えて植物を組み合わせる

　寄せ植えの苔玉を作るときには、成長環境の近いものや、デザインのバランスなどを考慮して、組み合わせる植物を選びましょう。観葉種、園芸種など、同じ種類の植物同士であれば水やりのタイミングは変わりません。

　作る際の材料や道具などは基本的に1種類の植物で作る苔玉と同じです（P30参照）。手順も同様ですが、2種類以上の植物を一つにまとめることがプラスされ、作品の完成にとって一番重要な工程になります。

　作品を作るときは、葉や枝の成長を考え、見た目のバランスに気をつけながらもう1種類の植物と合わせていきます。ポットから出したときは、余分な土を落として角を丸くしながら根の状態も確認しましょう。

part 6

1 ポットから出し土を落とす

ポットから出し、角を削りながら土を落とします。植物同士を合わせる接続面には、接着剤となる土をつけるので、多めに土を落とします（写真上）。接続面は、葉の向きや重なりの様子、枝の伸び具合など作品のできあがりを考えてから決めましょう。

2 根に気をつけながら処理をする

別の植物も同様に、角張った部分から土を落としていきます。優しく根をほぐしながら土を落とすと、根詰まりを防ぐことができます（写真上）。根の処理は、腐っている部分などは傷つけないように気をつけて取り除きましょう。

3 接続面に土をつける

植物同士の接続面となる部分に、土をつけていきます。片手でしっかり植物を固定するように持ち、もう片方の手で土をなじませるようにつけていきます。土の分量は、寄せ合わせる植物の大きさを考慮しながら様子を見て、追加したり減らしたり調整をしていきましょう。

寄せ植えの手順

4

接着用の土を
しっかりなじませる

　土を接続面全体になじませながら伸ばしていき、両手で包み込むように握りながら一体化させていきます。包み込むときは、指で植物の根元まで一緒に押し込んでしまわないように気をつけます。底を平らにし、土がしっかりと貼りついているかを確認しましょう（写真下）。

5

寄せ植えする
別の植物を準備する

　寄せ植えするもう一つの植物をポットから出して用意し、合わせていきます。葉や枝の向き、高さなど合わせる位置を確認しながら行いましょう。つなぎ合わせるときは、接続部分の土と馴染むようにしながら貼り合わせます。

6

状態を確認しながら
植物同士を合わせる

　苔玉を寄せ合わせるときは、新しい土や苔で覆う前に、根の状態も確認しましょう。古い根や伸びすぎている根があれば取り除き、根腐れをおこさない環境に整えていきます。水分や酸素がきちんと通るよにすれば、植物がイキイキと成長し、より長く苔玉の鑑賞ができます。

part 6

7 植物同士を一つにまとめる

新しい土をつけて、覆いかぶせるように伸ばしながら、ムラなく広げていきます。2種類の植物のつなぎ目まで土を伸ばし、離れないように合わせます。土を均一貼りに終えたら、根と土の間に空気の隙間ができないように、両手でしっかりと握り、固定させます（写真下）。

8 表面を苔で覆う用意をする

2種類の植物がきちんと張り合わされ、固定されていることを確認します。寄せ合わせができたら、一種類の植物での苔玉作りと同様に、苔で外側を覆います（P35-37参照）。苔が均一になるようにしながら包み、糸でしっかりと巻いていき、ピンで留めます。

9 完成後はお手入れをする

作品が完成したら、水分を充分に与えて根に行き渡らせます。それぞれの植物の特徴を考えて置く場所を決め、成長の様子をみながら、適宜お手入れをしていきましょう。複数の植物による枝や葉の交錯は、寄せ植えならではの鑑賞を楽しむことができます。

コツ 32

寄せ植え 風知草(ふうちそう)、クラマシダ

高低差をいかした アレンジを楽しむ

上へ高く伸びる風知草と、低く横に広がるように伸びるクラマシダを寄せ植えすることで、高低差が生まれます。高さの出ないクラマシダは、添える植物にぴったりです。

左から風知草、クラマシダ

part 6

PLANTS MEMO
風知草、クラマシダ
日本の環境に適した多年草

風知草は、イネ科ウラハグサ属の多年草です。原産地は日本で、暑さにも寒さにも強い性質があります。葉は薄い黄緑色で、秋になるとススキに似た穂が出てくるのが特徴です。弱い風でも葉がゆらゆらと揺れる様子から、名づけられました。

クラマシダは、イワヒバ科イワヒバ属の常緑多年草です。原産地は、東アジアから東南アジアとなり、日本の本州では全土に渡って生育しています。葉は濃い緑色で、この鮮やかなグリーンを一年中楽しむことができます。

作り方と育て方
色味や形が違う植物の寄せ植えで高低差にアクセントがつく

STEP 1
一番のポイントは、高い植物と低い植物をバランスよく植えることです。低い植物は高い植物に添えるようなイメージで植えましょう。

STEP 2
葉の色が薄く穂のついた風知草をたくさん入れることで、柔らかな印象に仕上がります。

STEP 3
高低差のアレンジを作るときは、違う色味、異なる形の葉を選ぶとメリハリがつきます。

コツ33 寄せ植え　ポトス、ワイヤープランツ

色味の違いを合わせて楽しむ

ライム色をした明るい印象のポトスと、濃いグリーンの丸く小さな葉が散らばるように植えられたワイヤープランツは、緑のグラデーションの美しさをアレンジで楽しむことができます。

上からポトス、ワイヤープランツ

part (6)

PLANTS MEMO
ポトス、ワイヤープランツ

暑さに強く寒さに弱い環境を好む

ポトスは、サトイモ科ポトス属の常緑つる性植物です。原産地はソロモン諸島となり、暑さに強く寒さに弱い性質があります。

品種によって、黄緑色をした「ライム」、白い模様の入る「マーブルクイーン」など葉の色味が異なります。

ワイヤープランツは、タデ科ミューレンベッキア属のほふく性常緑低木です。原産地はニュージーランドとなり、寒さにはやや弱く、暑さには強い性質があります。細い枝から小さな葉がたくさん生える、アレンジに適したおしゃれで可愛いつる性の植物です。

作り方と育て方
主役と添え役を考慮してアレンジする

STEP 1

色味の違いを楽しむアレンジでは、主役と脇役の植物をはっきり分けて寄せ植えしましょう。育てやすく、手に入りやすいポトスは主役におすすめの植物です。

STEP 2

ワイヤープランツは、添える植物としてアレンジで人気の高いつる性の植物です。

STEP 3

P102のようにコンクリート性の白いおうちのアイテムを隣に並べると、アレンジの可愛さがより引き立ちます。

コツ 34 寄せ植え　アスパラガス、プテリス
葉の質感の違いを一つにまとめる

柔らかで繊細なアスパラガスの葉と、平たくしっかりとしたプテリスの葉を組み合わせることで、全く違う葉の質感の違いを楽しめるアレンジになります。

左から
アスパラガス、
プテリス

part 6

PLANTS MEMO
アスパラガス、プテリス

育てやすく一年を通して葉を鑑賞できる

アスパラガスは、キジカクシ科（ユリ科）アスパラガス属の常緑多年草です。杉に似た細やかな葉は、見る人に涼しげで柔らかな印象を与えてくれるため、夏のアレンジに好んで選ばれることが多い植物です。

プテリスは、イノモトソウ科イノモトソウ属の常緑性シダ植物です。原産地は世界の熱帯・亜熱帯地域で、寒さにはやや弱く、暑さには強い性質があります。

種類は約300種類もあり、大きさの異なるたくさんの葉が密集するように生い茂るのが特徴です。

作り方と育て方
育てながらアレンジのバランスを調整する

STEP 1
アレンジでは、あえて色味の似た葉を選び、葉の質感の違いを楽しみましょう。

STEP 2
高さの出るアスパラガスに、プテリスを添えるようなイメージで作ります。

STEP 3
二つの植物を交ぜるように、入り組ませて作っても面白みのあるアレンジになります。成長する中でアレンジのバランスを変える楽しみ方もできます。

part 7

苔玉が引き立つ器を選ぶ

素材や色、大きさなど器によって苔玉の雰囲気が変わる

　苔玉は器が変わるだけで、グンと印象が変わります。様々な素材や色、形、大きさなどから、苔玉の持つ雰囲気を引き立たせ、インテリアに合うものを選びましょう。器には制約がないので、苔玉用のものだけでなく、食器や雑貨など身の回りにあるものを取り入れてみるのも良いでしょう。成長に合わせて器を変えたり、季節やイベントに合わせるなど、何をどう選ぶかセンスの見せ所です。

コツ35 器の選び方 基本
様々な材質と色合いから個性を生かす器を選ぶ

苔玉はお皿なども活用できます。向きに決まりはないので、好きな所を正面にします。

苔玉を置く器は、どんなものを使っても構いません。色合いや大きさ、形、材質など様々なものから自由に選ぶことができます。花器だけでなく、雑貨用品や食器などを利用しても良いでしょう。何を使うか、苔玉に合うものをコーディネートする楽しみも生まれます。器で苔玉の印象も変わるので、バランスも考えて決めましょう。

ワンポイントアドバイス

苔玉はカジュアル感覚で飾ることができるので、自由な発想で器を選びましょう。

コツ **36**

器の選び方　色　part ⑦

苔玉と器の色の バランスを考える

白い土を使った粉引（こひき）（写真右）の器や、焼き締めの器（写真左）は、くぼみのある苔玉専用のディンプルトレー。

器の色は、苔玉のイメージに大きく影響を与えます。白い器は、柔らかく優しい印象でグリーンが映えます。黒い器は、ワイアープランツなど細かく広がりのある葉物と合わせると、足元が引き締まり、スタイリッシュ感を演出。エネルギッシュな暖色系の赤やオレンジ、落ち着いた寒色系の青や緑など足元に変化をつけるのも一つです。

ワンポイントアドバイス

葉のツヤなどの色味加減で、光沢のある器かマット感のあるものか、好みで合わせてみるのも良いでしょう。

コツ 37

器の選び方　形

形が工夫された器で遊び心ある苔玉にする

小さな苔玉を複数飾り、窓辺などちょっとしたスペースに置いてみましょう。苔玉の並んだ姿は可愛らしく、魅了されます。

器の形にカーブがついていたり、形状が左右非対称だったりなど、変わった形の器を使うと、苔玉に面白さがでます。苔玉を複数配置すれば、飾った場所に奥行きと動きのある空間が生まれます。種類の違う植物を並べるとそれぞれの成長の違いを感じながら、様々な表情が楽しめるディスプレーになるでしょう。

ワンポイントアドバイス

四角い器は、丸い苔玉のフォルムと対照的で視覚効果がアップ。カーブや丸みは優しいイメージを与えます。

コツ 38

器の選び方　陶器の素材　part 7

デザイン性のある陶板プレートで演出する

織部焼のプレートは、上品な和のスタイルに苔玉を変身させます。洋風の植物と合わせ、和洋のバランスをみせるのも良いでしょう。

陶器を板状に焼いた陶板プレートは、デザイン性があり苔玉にオシャレな要素が加わります。焼き物には様々な種類があります。温かみと優しい風合いの増子焼や唐津焼、透光性と繊細さで薄い材質の有田焼や九谷焼。コーティングの釉薬を使わず素朴な備前焼など。陶器の特徴を踏まえて、苔玉との相性を考えてみましょう。

ワンポイントアドバイス

ストライプの織部焼プレート（写真）は、和テイストがでます。絵柄もあるので、合うものを選びましょう。

コツ39 器の選び方　ガラスの素材

ガラスの素材で透明感を演出

足元が高い器は視線が高くなり、インテリアに変化がつけられます。

　ガラス素材の器は、品の良さやスタイリッシュなイメージがあり和・洋どんなスタイルにも合います。透明なので、苔玉の持つ色や形の魅力を生かす特性があります。ガラスは清涼感もあるので、暑い夏に涼しげな印象も与えます。足元が高くなった透明の器に入れると、苔玉の底まで見ることができ、全体を鑑賞することができます。

ワンポイントアドバイス

プレートやスタンドボウル、大きめのボウルなどガラスの器は、光を受けて輝きます。苔玉を、アート感覚に飾ることができます。

コツ **40** | 器の選び方　特殊な素材 | part 7

特殊な材質の器で個性ある苔玉にする

個性的な器に置いた苔玉を人の集まるスペースに飾れば、注目のアイテムとして話題になるでしょう。

　特殊な土を乾燥させて作られたくらま皿は、素朴さと重厚感があります。不定形なフォルムは、ナチュラルテイストで個性的な味わい。自然のなかから、流木や貝殻などの素材を見つけて器にするのも良いでしょう。鉄や石、ブリキなどの器を苔玉と合わせれば、独特な趣きが鑑賞できます。色々な素材で苔玉を飾りましょう。

ワンポイントアドバイス

くらま皿は手びねりで作られているので、一つ一つ形が異なります。オリジナリティある苔玉に仕上がります。

part 8
季節に合わせたアレンジ

素材や色、大きさなど器によって苔玉の雰囲気が変わる

　日本は一年を通して、季節の移り変わりを楽しむことができます。昔から四季に応じた行事があり、健康や幸せ、豊作などの願いを込めながらその時期の草花や食べ物などを飾るという習慣がありました。季節の飾りつけに苔玉を用いれば、普段とは違う演出ができるでしょう。苔と草花が連携された装飾は、穏やかで和みのある空間にしてくれます。

コツ41 園芸植物　ボケ　春のアレンジ

鮮やかな花が咲き春の訪れを知らせる

ボケは、春の訪れとともに花をつけます。まっすぐに伸びた枝に可憐な花をつける様相が魅力的で、鑑賞用の植物として人気があります。鮮やかな紅色の花は、苔玉の緑との相性も良いです。

part 8

PLANTS MEMO
ボケ

3月頃から少しずつ美しい花が咲く

ボケは、バラ科ボケ属の落葉低木で、中国が原産の植物です。

暑さや寒さに強く、日本の気候に適している品種で、鉢植えや盆栽、庭木などに用いられて、昔から多くの人に親しまれています。

花は3月頃から花が咲き始め、色は鮮やかな赤が代表的ですが、白やピンクの種類もあります。肥料は、花が咲き終わった春の終わりから初夏の時期と秋頃に与えます。

枝が良く伸びるので、剪定をして形を整えましょう。開花後や初冬の頃が剪定の目安になります。

作り方と育て方
花が咲くタイミングを考えて苔玉を作る

STEP 1
枝が斜めに伸びているものを選ぶと、造形美の面白さがでてきます。

STEP 2
花は一度にすべてではなく、時差をおいて順々に咲くので、ゆっくり時間をかけて開花を鑑賞できます

STEP 3
2月頃に花芽のあるボケを苔玉にして、3月の開花を楽しみましょう。

観葉植物　エバーフレッシュ　夏のアレン

コツ42

羽状の小さな葉で
涼しげな空間を作る

楕円形の小さな葉が集まり、爽やかな印象を与えます。風がそよぐと葉が優しく揺れる姿は、涼しげで夏の暑さを和らげてくれます。暑さに強いので、夏は部屋の外でもイキイキと育ちます。

part (8)

PLANTS MEMO
エバーフレッシュ

明るく暖かい場所でイキイキ育つ

　エバーフレッシュは、マメ科ピトヘケロビウム属の南米地域原産常緑の観葉植物です。

　葉は濃い緑色で、楕円形の小さな葉で構成されています。明るくて暖かい場所を好み、環境に適応する力が強く、育てやすい品種です。昼には葉を広げ、夜になると葉が閉じる性質を持ち、春から夏頃に丸くて黄色い花が咲き、黒い実を付けることもあります。冬でも落葉しません。暑さには強いですが、寒さには弱いので、冬は温度が低くなり過ぎない所へ置きましょう。

作り方と育て方
光が充分にあたる場所へ飾る

STEP 1
室内でイキイキと育ちますが、夏は外に出しても良いでしょう。冬は暖かい所へ置きましょう。

STEP 2
光が不足すると、葉が閉じたままだったり、黄色く変色してしまうことがあります。

STEP 3
乾燥に弱いので、夏は毎日水やりをしっかりとします。液体肥料を与えると葉のツヤが良くなります。

コツ43

園芸植物　ススキ　秋のアレンジ

白く柔らかい穂が秋の風情を漂わせる

中秋の名月である十五夜に飾られ、秋を象徴する植物です。盆栽でも良く使われる人気の園芸種で、綿毛のような白い穂やまっすぐに伸びた長い葉で、様々なアレンジができます。

part 8

PLANTS MEMO
ススキ

**十五夜に飾る
秋を代表する植物**

　ススキは、イネ科ススキ属の多年草で、日本や東アジア地域が原産の植物です。

　日本の各地域の山野に自生するポピュラーな植物です。秋には白い穂をつけ、冬には枯れてしまいますが、春には若葉を出します。気温の上昇とともに成長し、夏には深い緑色の葉になります。丈夫で日の良くあたる場所でイキイキと育ち、葉に模様の入った品種もあります。

　秋の七草のひとつとして数えられ、十五夜のお月見にはお供え物と一緒に飾られます。

作り方と育て方
高さと葉の広がりを利用したアレンジをする

STEP 1
数本の枝を合わせ、高さを生かした苔玉に仕立てると、葉の広がりが際立ち、ボリューム感が出てきます。

STEP 2
暑さに強いので、夏は外でも元気良く育ちます。冬は葉が枯れたら、下3cmを残して刈り込みをすると、春にはまた下から伸びます。

STEP 3
葉の縁で手を切りやすいので、手入れをするときは手袋などをして行いましょう。

園芸植物　五葉松　冬のアレンジ

コツ 44

縁起の良い松で新年を祝う

松は盆栽で楽しまれる代表的な日本の植物です。お正月にちなんだアイテムとも相性抜群で、一緒に飾れば部屋中を新年のおめでたいムードで包んでくれます。

part 8

PLANTS MEMO
五葉松

冬でも葉を茂らせるため縁起ものとされる

　五葉松は、マツ科マツ属の常緑高木です。日本原産の植物で、高地に自生し寒さに極めて強い性質があります。

　5月頃になると、新しい枝の下部に雄花、先端に雌花をつける雌雄同株の樹木です。

　針葉が密集するようにたくさん生えるのが特徴です。しっかりとした幹から枝が生え、枝の先端から針葉が5枚まとめて出ていることから、名づけられたといわれています。

　丈夫で育てやすいため、初心者の盆栽用としても昔から人気の高い植物です。

作り方と育て方
小物を組み合わせて季節感アップのアレンジ

STEP 1
菊炭と豊作を願うための稲穂飾りと一緒に飾ることで、おしゃれなお正月用のアレンジになります。

STEP 2
枝に針金を巻きつけて、矯正することで枝の形を変えることができます。太さによって、巻きつけておく時間を長くしたりしましょう。

STEP 3
織部焼の陶板プレートに苔玉や小物を置くと、和のスタイルがキレイにまとまります。

Q&A

苔玉についての Q&A

苔玉についてわからないことが出てくると、解決するために調べることで、より深く苔玉を理解することができます。作るときや育てているときなど、各段階に応じて疑問点が出てきたら、一つずつ確認していきましょう。

Q1
苔玉作りに使う苔は庭に生えているのでもよいのでしょうか？

A1
自生の苔も使えますが雑菌や形が不揃いで作りにくい面も。

苔は適度な湿度や光、通気性、栄養分があればどんな所でも自生します。苔玉を作るときには、庭や道端など自生している苔でも構いませんが、雑菌や虫などが付着している可能性があります。また、形が不揃いで作りにくい面もあります。市販の苔であれば消毒が施され、安心して使えます。シート状で色艶もあり、見栄え良く作ることができます。

Q2
部屋の中に置いたままでも元気に育ちますか？

A2
基本は外で育ててポイント的に室内に飾りましょう。

苔玉は自然のものなので、室外で適度な日光と水、通気性を受けることで元気に育ちます。観葉植物は比較的家の中でも成長し、光が少なくても育つ耐陰性の種類、モンステラやアスパラガス、テーブルヤシ、アイビーなどがあります。園芸植物は室外が好ましい環境になります。基本は外で育てて、ポイント的に部屋に置いて飾りましょう。

Q3
苔玉の表面に出た
白いカビのようなものは
どうすればよいですか？

A3
水やりを控えて
風通しの良い所へ
移動させましょう。

苔は高温で通気性が悪く、湿度が高くなると蒸れた状態になり、カビが発生することがあります。白い綿のようなカビが苔玉の表面に表れたら、水やりを控えて乾燥させ、外など風通しの良い所へ移動させます。カビは自然になくなりますので、その後は水やりに気をつけ、表面が乾いたら水を与え、外気など通気性の良い所に置くことを心掛けましょう。

Q4
苔玉を置く器は
瓶など深さのある
ものでも大丈夫ですか？

A4
温度や湿度に気をつければ
深さのある器でも
元気に育てられます。

苔玉は通気や排水などの面から、通常平らな器を使用しますが、玉が入るほど深さのある瓶などでも育てることはできます。苔が蒸れないように、高温と湿度に気をつけます。半日陰で北側の部屋など温度の上昇しない場所に置き、水やりは表面が完全に乾いてからにします。園芸植物は向かないので、環境への適応力が高い観葉植物で挑戦しましょう。

Q5
苔玉から雑草が
生えてきて
しまいました。

A5
雑草の種子が付着して
発芽することも。
優しく取り除きます。

苔自身に、イネ科やキク科など雑草の種子が付着していることがあります。また、戸外に置いたときに風などで雑草の種子が飛ばされて根付くこともあります。その後芽を出して大きくなると、植物の成長に影響を及ぼすこともあります。成長の妨げや見た目が気になるようであれば、優しく取り除きましょう。

Green Scape 問い合わせ
東京都目黒区上目黒 1-18-4 セルジエ 102
中目黒駅（東急東横線・日比谷線）正面出口より徒歩2分

http://greenscape.co.jp/

苔玉が作りやすいように必要な材料が揃ったキットも販売。
※事前に予約注文が必要です。

【監修】
Green Scape（グリーンスケープ）

東京中目黒にある、盆栽や苔玉を扱う人気のショップ。植物だけでなく、鉢や器、プレート、トレー、急須、湯呑み、小物などインテリア商品も販売し、店舗だけでなくオンラインの通信販売も行っている。定期的に開講される盆栽教室や苔玉教室は、男女問わず多くの参加者が受講するほど好評の講座。センス良いアレンジや丁寧で的確なアドバイスから、テレビや雑誌など各種メディアにも取りあげられている。

スタッフ

デザイン　さいとうなほみ

カメラ　　柳　太

編　集　　株式会社ギグ

苔玉と苔を愉しむ
～育て方から飾り方、アレンジのポイントまで～

2019年7月30日 第1版・第1刷発行

監　修　Green Scape（ぐりーんすけーぷ）
発行者　メイツ出版株式会社
　　　　代表者　三渡　治
　　　　〒102-0093 東京都千代田区平河町一丁目1-8
　　　　TEL：03-5276-3050（編集・営業）
　　　　　　　03-5276-3052（注文専用）
　　　　FAX：03-5276-3105
印　刷　株式会社厚徳社

●本書の一部、あるいは全部を無断でコピーすることは、法律で認められた場合を除き、著作権の侵害となりますので禁止します。
●定価はカバーに表示してあります。
©ギグ,2015,2019.ISBN978-4-7804-2220-7 C2077 Printed in Japan.

ご意見・ご感想はホームページから承っております。
メイツ出版ホームページアドレス http://www.mates-publishing.co.jp/
編集長:折居かおる　　副編集長:堀明研斗　　企画担当:大羽孝志/堀明研斗

※本書は2015年発行の『アレンジをたのしむ　苔玉と苔の本～育て方から作り方、飾り方まで～』を元に加筆・修正を行っています。